L'ARBRE
DE
DIANE

Avenue Van Becelaere 184
1170 Boitsfort – Belgique
larbrediane@gmail.com
www.larbredediane.be

Couverture de Shayto Badjoko.
Relecture de Jérémy Lambert.
Conseils scientifiques de Diederik Aerts.

FÉDÉRATION
WALLONIE-BRUXELLES

La publication de cet ouvrage a été encouragée par
une subvention accordée par la Fédération Wallonie-Bruxelles.

D/2018/13.541/2
ISBN 978-2-930822-11-2

PAUL POURVEUR

Aurore Boréale

L'arbre de Diane

La tortue de Zénon

Introduction

Extrait de la conférence «Survivre à la fin des grandes histoires.» donnée dans le cadre de la Chaire de poétique de l'Université catholique de Louvain, novembre 2013, sous la direction de Pierre Piret.

En 1988, une compagnie anversoise, « De Tijd », me commanda deux pièces sur la mémoire : la mémoire individuelle et la mémoire collective. Les deux pièces seraient jouées en alternance au cours de la même tournée.

Pour la pièce sur la mémoire individuelle, je me basai sur les souvenirs des trois acteurs ; pour la pièce sur la mémoire collective, je modifiai quelque peu l'intention de base. Comme je me débattais à ce moment-là avec la science quantique, j'y vis une occasion de me plonger d'une manière moins informelle dans cette étude et décidai d'écrire une pièce de théâtre concernant ce sujet.

Un scientifique, Diederik Aerts, que je voyais toutes les semaines, m'aida à comprendre quelque peu les principes de base de cette science, de ce nouveau rapport à la réalité. La première chose qu'il m'a dite était : « Ne t'en fais pas trop. Nous [les scientifiques] n'avons pas encore tout compris sur ce qu'il y a à comprendre. » Ce qui me rassura.

Comme les premières grandes discussions concernant cette science eurent lieu à Bruxelles, en 1927, pendant les conférences Solvay, je situai la pièce à l'hôtel Métropole, place de Brouckère, où tous les grands scientifiques de l'époque étaient logés (Albert Einstein, Niels Bohr, Werner Heisenberg, Erwin Schrödinger, Louis de Broglie, Max Planck, Marie Curie, etc.).

Cette pièce (Aurore boréale), me permit de comprendre quelque peu cette science, mais me mit également sur la voie d'une structure narrative. Je pris certains principes de la science quantique afin de trouver une forme narrative qui puisse briser toute structure rigoureuse et causale et installer ainsi un autre rapport à la réalité et par conséquent une autre vision du monde.

Au début du XVIIIe siècle, l'évêque et philosophe irlandais George Berkeley inventa une étrange théorie : il prétendit que l'existence dépend de la perception des autres – « si personne ne me perçoit, je n'existe pas ». Sa théorie « Je suis perçu, donc je suis » fut jugée ridicule par le plus grand nombre qui à l'époque était encore adepte du « Je pense, donc je suis ».

Et pourtant, on pourrait dire que Berkeley était un visionnaire, puisque sa théorie allait s'avérer exacte – même s'il la mettait en relation avec Dieu.

Au début du siècle dernier, le peintre Paul Cézanne déclara que la réalité ne pouvait être représentée ; selon lui, seule la perception de la réalité pouvait l'être.

À la même époque, les premiers principes de la mécanique quantique sont élaborés, pour aboutir finalement aux mêmes conclusions que celles de Cézanne. Pour la première fois dans l'histoire, l'art et la science arrivent au même type de conclusion quant à la réalité.

Avec le peintre Cézanne et les scientifiques Werner Heisenberg, Erwin Schrödinger et Niels Bohr, les fondateurs de la mécanique quantique, une nouvelle approche de la réalité voit le jour. Selon cette science, il est tout à fait impossible de décrire la réalité en termes absolus et l'observation agit sur l'objet observé.

> *Savoir, c'est mesurer. Mais mesurer, c'est perturber. Une réalité n'existe que lorsqu'elle est observée, mais l'observation perturbe ce qui est observé. Le fait d'observer quelque chose le fait exister, mais le change en même temps.*[1]

Il faut cependant ajouter à cela que cette science se concentre sur le monde microscopique. Mais il est tout aussi vrai que de nombreuses concordances peuvent être établies, non seulement avec le monde

1. Paul Pourveur, *Aurore boréale*, pièce inédite, créée en 1999.

macroscopique, mais également avec certains principes du postmodernisme.

La mécanique quantique nous parle d'une réalité très étrange :

1. Dans cette réalité quantique, lorsqu'on observe un électron, il s'avère être tantôt une particule tantôt une onde. Selon la physique classique, si deux descriptions s'opposent, cela signifie que l'une des deux descriptions est fausse. Pour Niels Bohr et Werner Heisenberg, les deux descriptions sont nécessaires pour décrire et comprendre l'ensemble ; de plus, c'est finalement l'observateur qui détermine si l'électron est une particule ou une onde.

2. Un deuxième principe est le principe d'incertitude d'Heisenberg. Selon ce scientifique, il est impossible de connaître simultanément la position et la vitesse d'une particule et donc d'établir la position antérieure et postérieure de l'électron. Heisenberg introduit par cette constatation la notion de l'imprévisibilité, de l'indéterminisme. Entre passé, présent et futur, une nouvelle relation émerge, c'est-à-dire que l'on ne peut que constater qu'il y a un passé et un présent, mais il est impossible de déterminer la relation entre les deux. Cette approche peut d'ailleurs s'avérer très pratique dans la vie quotidienne : si vous avez connu une mauvaise expérience dans le passé (une histoire

d'amour qui aurait connu une fin pénible), elle ne devrait pas influencer le présent. Inutile donc de déprimer. Inutile d'acheter une boîte de Kleenex.

3. Et puis évidemment il y a aussi le (très connu) « chat de Schrödinger » : un chat est enfermé dans une boîte avec un flacon de gaz mortel qui peut se briser à n'importe quel moment. Tant que la boîte est fermée, le chat est à la fois vivant et mort, en « superposition », c'est-à-dire dans deux états différents.

Certes, je l'avoue, j'adore cette manière de penser. Elle bouscule fortement notre pensée rationnelle et nous libère d'un certain déterminisme puisque la probabilité, le hasard interviennent désormais dans notre appréhension de la réalité.

Les concepts de cette science sont éloignés de notre expérience de la vie quotidienne, mais comme la mécanique quantique a depuis 1927 été prouvée par des expériences, nous sommes bien obligés de l'accepter comme description de la réalité. Einstein, qui jugea cette théorie incomplète, disait que « Dieu ne joue pas aux dés ». Ce à quoi Bohr répondit : « Ne dites pas à Dieu ce qu'il doit faire. »

Entre les hommes et le monde il existe, outre une réalité déterministe, une autre réalité, indéterministe. Cette nouvelle approche de la réalité exerce naturellement une influence sur notre vision du monde.

Le déterminisme a l'avantage de postuler que tout a une signification, un sens, et que tout est compréhensible. Principe rassurant puisque, grâce à la causalité, même si on ne comprend pas les faits, on sait qu'il existe une signification cachée quelque part.

Dans une réalité indéterministe, les événements sont des possibilités plausibles et ne sont plus les conséquences prévisibles de causes, ce qui a pour effet de modifier notre relation avec le passé et notre futur. Cette réalité est régie par le hasard et elle établit que rien n'a de signification en soi et que l'évolution de l'humanité n'est qu'une évolution sans sens ou direction.

Une nouvelle attitude s'impose donc pour manier la nouvelle approche de la réalité : une attitude entre déterminisme et indéterminisme, entre compréhension et incompréhension, entre certitude et incertitude, entre causalité et hasard, entre le savoir et le non-savoir.

J'avais l'impression d'avoir trouvé cet endroit spécifique à partir duquel je pouvais désormais raconter le monde, qui permet un certain regard sur ce monde.

Je me sentais un peu comme ce personnage dans la plus courte histoire de science-fiction de l'histoire littéraire : « Le dernier être humain sur terre est dans une chambre et il entend frapper à la porte. » L'histoire s'arrête là. Et le lecteur peut imaginer une suite : soit il ouvre la porte, soit il la laisse fermée. Tant que le personnage n'ouvre pas la porte, il se trouve en quelque sorte entre le savoir et le non-savoir. Il est donc impératif de ne pas ouvrir la porte puisque cette chambre où l'on vient de frapper à la porte devient alors une machine où la réflexion, l'imagination, les fantasmes, les obsessions, le langage peuvent fonctionner à plein rendement.

Par le biais de la pièce, j'explorais une forme qui puisse rendre cette ambivalence entre déterminisme et indéterminisme. Je repris le principe de « savoir, c'est mesurer, mais mesurer, c'est perturber ». La pièce, qui se déroule dans un laps de temps d'une nuit, était composée de mesures qui étaient choisies soit par hasard soit par nécessité.

Un « quelqu'un » que l'on ne verra jamais essaie de comprendre ce qui s'est passé cette nuit du 28 au 29 octobre 1927 où apparemment le monde changea et vit l'émergence d'un nouveau mode de pensée, où la perception de la réalité changea du tout au tout.

Il y a trois personnages que je situe à la réception de l'hôtel Métropole : un réceptionniste qui a survécu aux tranchées de la guerre 1914-1918, un scientifique qui ne comprend pas grand-chose à cette nouvelle science et espère qu'Einstein va invalider cette théorie, et puis un paléoanthropologue, qui croit avoir trouvé le premier homme en Chine, et qui attend à l'hôtel une femme qu'il est censé épouser.

Trois perceptions de la réalité s'opposent : celle de la nouvelle science (l'incertitude), celle du déterminisme (idéalisé) et puis celle que l'on se construit afin de survivre (mystification ou mythification).

Aurore
Boréale

Prenez les 26 lettres de l'alphabet,
mettez-les dans un « mixer »
– n'oubliez pas le couvercle –
mélangez pendant au moins cinq minutes,
laissez décanter,
enlevez le couvercle,
répandez sur une surface froide.
Et qu'obtenez-vous ?
Australopithecus Afarensis.
Le nom primitif,
vieux de trois millions d'années,
étymologiquement incorrect,
laid et difficile à prononcer.
Un million d'années plus tard,
il deviendra l'*Homo Habilis*,
le tout premier homme,
Habile et astucieux,
il découvre la réalité
et s'attribue une tâche :
celle de devenir humain.
Un million d'années plus tard,
il deviendra l'*Homo Visionis*,
Ingénieux et clairvoyant,
il invente la réalité,
et s'assigne une nécessité :
celle de devenir surhumain.

Un million d'années plus tard, à 23 heures,
un réceptionniste de l'hôtel Métropole dit :
« Le premier ne fit rien.
Le second jeta une bombe, mais rata la cible.

Le troisième avala une pilule au cyanure.
Le quatrième et le cinquième furent pétrifiés.
Le sixième s'enfuit.
Le septième et dernier tira deux coups de feu.
Lorsqu'ils sont à sept, le monde vire au désastre. »

Sept heures plus tard, le même réceptionniste conclut :
« Et si on réveillait Einstein ? »

Entre ces deux repères dans le temps,
en l'espace de sept heures,
selon toute apparence,
émerge l'*Homo Probabilis*.
Efficace et créatif,
il démasque la réalité,
et se retrouve dans l'obligation de devenir humble.

Une enquête s'impose, sur ce qui s'est passé lors de cette fameuse nuit à Bruxelles, entre le 28 et 29 octobre 1927 à l'hôtel Métropole, place de Brouckère.

Mesure 1 : 23 heures 15

Client de l'hôtel : N'y a-t-il pas encore de message pour moi ?

Réceptionniste : ...
Pas encore, monsieur.

Client de l'hôtel : ...
Vous êtes resté là tout le temps ? Vous n'avez pas quitté la réception, même pour une seconde ?

Réceptionniste : Vous êtes à l'hôtel Métropole. Nos clients ne sont jamais abandonnés à eux-mêmes. Je ne déserte jamais mon poste.

Client de l'hôtel : J'attends un appel téléphonique très important.

Réceptionniste : Je vous préviendrai dès que la personne appellera.
Comment s'appelle la personne ?

Client de l'hôtel : Cherry Woodward.

Réceptionniste : Cherry ? Curieux prénom.

Client de l'hôtel : Elle est anglaise.

Réceptionniste : Cherry Woodward. J'ai noté. Je mets la fiche en face de moi. Je ne la quitte pas des yeux. Dès que votre correspondante appellera, je vous préviendrai. Vous êtes bien à la chambre 45 ?

Client de l'hôtel : ...
Vous êtes sûr que le téléphone fonctionne ? Il n'est pas en dérangement ?

Réceptionniste : Vous êtes à l'hôtel Métropole.
Ici, tout fonctionne toujours. Ici, tout est prévu pour remédier dans les plus courts délais au moindre incident.

Sans vouloir exagérer, l'hôtel Métropole est le monde parfait. Les accidents, les malentendus sont inconnus au bataillon.
Correction : nous avons eu un meurtre à la chambre 34. Une femme a assassiné son mari.
Deux balles : une dans le coeur, l'autre dans le bas ventre. Mais c'était une exception. En plus, c'était une femme.
Aucun homme n'a jamais commis de meurtre dans cet hôtel, pas même un suicide.

Client de l'hôtel : ...
En supposant que Miss Woodward appelle et qu'elle me rejoigne ici, puis-je réserver une chambre pour cette nuit ?

Réceptionniste : L'hôtel est complet. À cause de cette conférence.
Miss Woodward devra s'installer dans un autre hôtel. Si vous voulez, nous pouvons prendre les dispositions nécessaires.

Client de l'hôtel : Je ferais peut-être mieux d'attendre son appel.

Réceptionniste : Comme vous le souhaitez.

Client de l'hôtel : Ou peut-être devrais-je quand même réserver ?

Réceptionniste : C'est à vous de décider.

Client de l'hôtel : Non. Attendons.

Réceptionniste : D'accord. Mais ça ne prendra qu'une minute pour trouver un autre hôtel.

Client de l'hôtel : Vous me faites hésiter.

Réceptionniste : La réservation peut être annulée si elle ne vient pas.

CLIENT DE L'HÔTEL : Non. D'abord son appel.

RÉCEPTIONNISTE : Comme vous voulez. Mais… un coup de téléphone et c'est réglé.

CLIENT DE L'HÔTEL : Je préfère attendre.

…

Non ?

Mesure 2 : 23 heures 30

RÉCEPTIONNISTE : Voulez-vous un journal ou un magazine ?

CLIENT DE L'HÔTEL : Un être humain n'est pas fait pour attendre.

RÉCEPTIONNISTE : Nous disposons également de livres.

CLIENT DE L'HÔTEL : L'attente est une activité qui va à l'encontre de la nature humaine.

RÉCEPTIONNISTE : Il y a aussi un bar très agréable si vous voulez.

CLIENT DE L'HÔTEL : Un jour un homme-singe s'est lassé d'attendre et s'est demandé : « Qu'est-ce que je fais ici ? » ... et avant même qu'il ne le sache, il était devenu un être humain.

RÉCEPTIONNISTE : ...

Et finalement, il y a aussi Bruxelles. Nous avons une liste d'endroits pittoresques. Typiquement belges.

CLIENT DE L'HÔTEL : Je vais explorer l'hôtel.

RÉCEPTIONNISTE : Voulez-vous un plan de l'hôtel ?

Mesure 3 : 23 heures 58

RÉCEPTIONNISTE :

C'est dans la boue,
Qu'il faudra tous mourir,
car on est condamné.
Adieu la vie.
Adieu ma bien-aimée.
Adieu toutes les femmes.
Serrer les dents et tenir bon, nom de Dieu !
C'est dans la boue
qu'il faudra tous mourir
car on est condamné.
Adieu la vie.
Adieu ma bien-aimée.
Adieu toutes les femmes.
Serrer les dents et tenir bon, nom de Dieu !
C'est dans la boue...
...
...
Puis-je vous aider ?

SCIENTIFIQUE : Avez-vous du tabac ?

RÉCEPTIONNISTE : Quelle marque désirez-vous ?

SCIENTIFIQUE : La meilleure.

RÉCEPTIONNISTE : Le garçon d'étage vous apportera le tabac dans votre chambre.

SCIENTIFIQUE : Ce n'est pas pour moi. C'est pour la chambre 13.

Et du café aussi. Pour les chambres 66 et 67. Deux cafetières, s'il vous plaît. Et du papier. Ils veulent aussi du papier.

Réceptionniste : Nous nous en occupons, monsieur.

Scientifique : Et la chambre 22 a de nouveau de mauvais rêves : des cités détruites.

Réceptionniste : Nous avons des somnifères.

Scientifique : C'est plutôt un homme qu'il lui faudrait.

Réceptionniste : On peut également s'en occuper. Vous êtes à l'hôtel Métropole.

Scientifique : Des somnifères feront l'affaire.

Client de l'hôtel : Pas encore d'appel ?

Réceptionniste : Miss Woodward n'a pas encore téléphoné.

Réceptionniste : La chambre 18 fait-elle aussi partie de la conférence ?

Scientifique : Oui, pourquoi ?

Réceptionniste : Nous avons reçu des plaintes. Des clients et du personnel. Non seulement, il se promène en costume tyrolien, mais il ne peut s'empêcher de mettre les mains sur le personnel féminin.

Scientifique : Vous devez l'excuser, mais la femme l'inspire.

...

Grâce à la femme, par exemple, il a découvert qu'un chat peut être à la fois vivant et mort.

Réceptionniste : ...

Peut-être devrait-il trouver une autre source d'inspiration.

Scientifique : Et la chambre 5 veut un repas chinois. Mais il insiste pour que le repas lui soit apporté par une Chinoise.

Ne me demandez pas pourquoi.

Réceptionniste : La discrétion est notre règle.

Mesure 4 : 00 heure 05

Scientifique : Merveilleuse invention, n'est-ce pas, le téléphone. Être accessible en permanence simplement parce que des ondes sonores se convertissent en électricité qui, à nouveau, se reconvertit en ondes sonores. D'une telle simplicité. En plus, le téléphone a l'avantage qu'il ne transmet pas la mauvaise haleine. Ce que vous entendez, c'est la voix débarrassée de tous les effets secondaires désagréables. La pureté absolue.

Client de l'hôtel : L'homme est une source infinie d'ingéniosité.

Scientifique : Espérons que cette source tarisse un jour.

Client de l'hôtel : ...

Comment un chat peut-il être à la fois mort et vivant ? De quoi traite la conférence ?

Scientifique : Pour la chambre 13 il s'agit d'un sabbat de sorcières.

Client de l'hôtel : S'agit-il de superstition ?

Scientifique : La superstition apparait suite à un manque de connaissances concernant la réalité. Nous, nous partons du principe qu'il est impossible de connaître la réalité, ce qui n'est pas la même chose qu'un manque de connaissances. Quand je dis « nous », je parle des chambres 66 et 67, ceux du principe d'incertitude.

Client de l'hôtel : Le principe d'incertitude ?

Scientifique : Je préfère ne pas en parler pour l'instant.

Client de l'hôtel : Et vous êtes... ?

Scientifique : Ce n'est pas non plus le bon moment pour poser des questions précises demandant des réponses concrètes.

Client de l'hôtel : Je voulais dire : quelle est votre profession ?

Scientifique : Qui sait, demain, je serai peut-être cordonnier.

Client de l'hôtel : ...

Si tout se passe comme prévu, la semaine prochaine je suis marié et heureux.

Ma fiancée est anglaise.

Scientifique : Beau pays l'Angleterre. Surtout le sud.

Client de l'hôtel : Vous êtes marié ?

Scientifique : Pas encore.

...

Je n'arrive pas à choisir entre la foi rassurante et la connaissance insaisissable. Voulons-nous unifier le monde avec la foi rassurante ou voulons-nous l'améliorer par la connaissance insaisissable ?

Client de l'hôtel : Je ne vois pas très bien le rapport avec le mariage.

Scientifique : Exactement. Avec le mariage il en va de même.

La question n'est plus de savoir avec qui nous voulons nous marier, mais pourquoi nous voulons nous marier.

Voulons-nous unifier ou améliorer ?

...

Vous devez penser que je m'exprime de manière énigmatique. Veuillez me pardonner. Mais avec toutes ces choses que j'ai entendues à la conférence...

Client de l'hôtel : Je vous comprends.

Scientifique : Ce que certains osent avancer est tellement déroutant.

...

Client de l'hôtel : J'ai assisté moi-même à certaines conférences où j'ai dû subir les théories les plus incroyables.

Scientifique : La chambre 1 en est encore tout renversé. La chambre 13, par contre, tient le coup. Il a trouvé une excellente expérience qui doit prouver le contraire. Chambre 13 suggère de peser une boîte qui ne contient que de la lumière. Un seul photon est alors libéré à un moment donné à travers un obturateur déclenché par une minuterie à l'intérieur de la boîte. Ensuite, la boîte est pesée à nouveau. En se basant sur la différence du poids, l'énergie du photon peut être calculée par l'équation $E=MC^2$. Le changement d'énergie tout comme le moment exact où le photon est émis sont dès lors connus. Et ceci signifierait la fin du principe d'incertitude.

Client de l'hôtel : C'est quoi ce principe d'incertitude ?

Scientifique : Les chambres 66 et 67, cependant, n'ont pas pour autant baissé les bras. Ils ont prouvé, ou prétendent avoir prouvé, que l'expérience de la chambre 13 est de la foutaise. Et maintenant, la chambre 13 étudie les arguments des chambres 66 et 67. Si la chambre 13 les réfute, le principe d'incertitude perd toute validité ainsi

que l'Interprétation de Copenhague.
Demain matin, nous devrions savoir où nous en sommes.

Client de l'hôtel : ...

Réceptionniste : Moi, j'avais une femme. Et deux enfants. Un jour, j'ai vu ma femme s'envoler sans bras, ni tête... juste sous mes yeux. Dans un arbre. Et puis, je vous le jure, je l'ai vu se changer en cheval, un cheval mort dans un arbre.

Client de l'hôtel : ...

Scientifique : Vous m'avez demandé le sujet de la conférence. Elle traite d'électrons et de photons.

Réceptionniste : Un cheval mort dans un arbre. Et l'arbre était mort aussi. C'était l'hiver.
Un hiver terrible. Un hiver de famine.
Je mourais de faim. Chaque fois que je me regardais dans le miroir, je me voyais littéralement maigrir.

Mesure 5 : 00 heure 15

CLIENT DE L'HÔTEL : Nous luttons contre la disparition, contre notre disparition. C'est pourquoi les paléoanthropologues et les acteurs sont si importants.
Les paléoanthropologues s'appliquent à retrouver les origines de l'homme, les acteurs s'appliquent à préserver les textes anciens. Cherry est une actrice. Et je suis paléoanthropologue. Nous sommes en fait les biens les plus précieux de ce monde. Vous comprenez ?

SCIENTIFIQUE : Je comprends. Vous exagérez afin de nous persuader de votre point de vue. Les exagérations sont rarement convaincantes. Mais les amoureux exagèrent toujours. C'est ce qui les rend si forts. J'aimerais bien être amoureux. Surtout maintenant.

RÉCEPTIONNISTE : Mais oui, bien sûr ! J'ai trouvé ! Cherry. Bien sûr. Cherry est « Chérie » ! C'est bien ça, non ? Chérie.

CLIENT DE L'HÔTEL : En Angleterre, ils prononcent *Cherry*.

SCIENTIFIQUE : Sherry ?

CLIENT DE L'HÔTEL : Non, Cherry. Avec un « ssch », « ssscherry ».

SCIENTIFIQUE : Sherry.

RÉCEPTIONNISTE : Ou tout simplement : Chérie.

Mesure 6 : 00 heure 20

CLIENT DE L'HÔTEL : Aller en Angleterre ? Je n'y pense même pas.
D'ailleurs, je ne peux pas rester longtemps en Europe. Je dois retourner en Chine dans 5 jours. Nous avons trouvé un site très riche, une station paléolithique, peut-être même paléolithique inférieur. Les premières fouilles sont encourageantes.
…
C'est pourquoi il faudrait que Cherry téléphone, afin que nous puissions nous marier après-demain et que je puisse partir.
…
Finalement, je crois que je vais enfin découvrir ce que je cherche depuis toutes ces années.

SCIENTIFIQUE : L'amour éternel ?

CLIENT DE L'HÔTEL : Cela aussi. Mais surtout le tout premier homme. Le chaînon entre le singe et l'homme. Et il y a urgence. En Angleterre un fossile a été trouvé qui pourrait être le chaînon. Mais certains disent que c'est une falsification. En Afrique un autre fossile, encore plus âgé, a aussi été trouvé, mais cela est complètement ridicule. Sur ce point, tout le monde est d'accord.
Ils cherchent tous dans la mauvaise direction.
L'orient, c'est là qu'il faut chercher.
L'orient. Raffiné et civilisé. Comme doit l'être le berceau de l'homme.
…

Il y a quelques semaines, après avoir passé deux jours à tracer des sillons pour les repères, je ne trouvais pas le sommeil. Était-ce l'imminence d'une découverte qui me tenait éveillé ? Je me sentais exagérément nerveux. Un pressentiment. Quelque chose me poussa hors de la tente.
Et là, au milieu de la nuit, assis sur une colline, je contemplais le site de fouilles dans la vallée… et alors je vis… des ombres, des ombres humaines.
À cet instant, je savais. C'était les ombres de nos lointains ancêtres. Ceux qui avaient résolument laissé le singe derrière eux, ceux qui allaient marcher debout pour entreprendre la magistrale aventure humaine.
La Chine. C'est là que tout a commencé.

SCIENTIFIQUE : …
Votre épouse vous accompagnera-t-elle en Chine ?

CLIENT DE L'HÔTEL : Pas tout de suite. Elle doit d'abord jouer le rôle d'Ophelia dans la pièce d'Hamlet. Elle me rejoindra plus tard. J'ai déjà acheté une magnifique maison. J'ai recruté les domestiques. Tout est prêt.
…

RÉCEPTIONNISTE : On vous demande à la chambre 22.

SCIENTIFIQUE : Que veut-elle encore ?

RÉCEPTIONNISTE : Et c'est urgent.

CLIENT DE L'HÔTEL : …
Elle m'avait promis de téléphoner dès que son bateau arriverait à Ostende. Peut-être le bateau a-t-il eu du retard.
…

On ne sait jamais en mer.

...

L'archéologie sous-marine, ce n'est pas ma tasse de thé. Il y a plein de fossiles au fond de la mer, mais difficile à atteindre et généralement trop enfoncés dans la boue.

RÉCEPTIONNISTE : ...

Parfois, j'étais si fatigué que je n'avais plus la force d'extraire mes jambes de la boue. Une fois, je suis resté debout trois jours dans la boue, impossible de bouger.

Je me suis dit : je deviens une statue.

CLIENT DE L'HÔTEL : J'étais étudiant à Vienne pendant la guerre.

RÉCEPTIONNISTE : ...

Y a-t-il autre chose que je puisse faire pour vous ?

CLIENT DE L'HÔTEL : ...

L'attente fait de l'homme un objet inutile. Ce qui m'effraie le plus alors, c'est l'absence complète d'une fonction.

Un objet séparé de sa fonction, voilà ce qu'est un homme qui attend.

Mesure 7 : 00 heure 34

SCIENTIFIQUE : ... et c'est cela qui fut donc appelé la fameuse « vision de Copenhague ».

CLIENT DE L'HÔTEL : Une vision plutôt radicale.
Aux conséquences incalculables.

SCIENTIFIQUE : On ne peut plus parler en ces termes, maintenant.
Le principe de la causalité appartient définitivement au passé.

CLIENT DE L'HÔTEL : Mais est-ce qu'il y a du vrai là-dedans ?

SCIENTIFIQUE : Nous devons attendre le verdict de la chambre 13.
Et surtout, pas de conclusions hâtives. Jusqu'à présent, la "vision de Copenhague" est à peine plus que quelques chiffres et lettres sur du papier. Et en ce qui me concerne, j'espère que cela en restera là.

CLIENT DE L'HÔTEL : Un peuple sans vision devient sauvage. Mais cela ne veut pas dire qu'il faut tenir compte de toutes les visions.

RÉCEPTIONNISTE : La chambre 13 donnera un avis contraire.

SCIENTIFIQUE : Qu'en savez-vous ?

RÉCEPTIONNISTE : L'hôtel Métropole est un monde parfait. Ici, il n'y a pas d'accidents, ni de malentendus.
...
Sauf évidemment... chambre 34, mais cela c'est une autre histoire.

Mesure 8 : 00 heure 32 (retour dans le temps)

Réceptionniste : Au milieu des corps pourrissant de
mes compagnons,
mon corps et mon esprit hurlent d'envie de dormir,
mais je ne veux pas dormir,
parce que lorsque je dors,
je rêve de mes compagnons,
de leurs corps pourrissant dans la boue des tranchées.
Dormir ou état de veille. Il n'y avait aucune
différence à Passchendaele.

Mesure 9 : 00 heure 33

CLIENT DE L'HÔTEL : Il y a longtemps, un singe s'est mis debout. Et ce n'est pas le fruit du hasard. Toute l'évolution de la vie sur terre s'est agencée pour produire l'homme.
L'homme est une créature spéciale, dont l'évolution n'a pour objet que d'atteindre la perfection de l'intelligence, du pouvoir et du contrôle sur l'environnement.
Et l'homme de Néandertal, qui n'était qu'un rustre Allemand, ne fait pas partie de la race humaine, et l'homme de Piltdown, qui était un Anglais arrogant et frigide, n'en fait pas partie non plus, et l'enfant de Taung n'en fait certainement pas partie, parce que c'est un nègre et les nègres sont noirs.
L'orient. L'orient raffiné. C'est là que le singe s'est mis debout. Et même si je dois retourner toute la Chine, je le trouverai. Rien ni personne ne m'arrêtera.

Mesure 10 : 00 heure 34 (bis)

SCIENTIFIQUE : Savoir, c'est mesurer.
Mais mesurer c'est perturber.
...
Prétendent chambres 66 et 67.
Une réalité n'existe que lorsqu'elle est observée, mais l'observation perturbe ce qui est observé.
Le fait d'observer quelque chose le fait exister, mais le change en même temps.
Donc...
...
...
Une même réalité qu'on observe deux fois n'est donc jamais la même. Parce que la nature de la réalité dépend de l'observation.
Disent chambres 66 et 67.
...
...
Quoi qu'il en soit, l'idéal d'une représentation exacte et complète de la réalité est une hypothèse désuète, affirment chambres 66 et 67.

RÉCEPTIONNISTE : Chambre 13 vous demande.

CLIENT DE L'HÔTEL : Un souvenir peut être considéré comme une seconde mesure d'une réalité. Il n'y a quand même aucune de différence entre l'événement et son souvenir ?

SCIENTIFIQUE : Mauvais exemple. Il y a un monde de différence entre les deux. Ils n'ont d'ailleurs rien à voir l'un avec l'autre. Mais là n'est pas la question. Ou peut-être est-ce un autre problème. Je ne sais pas. C'est le moindre de mes soucis pour le moment. Laissez-moi d'abord comprendre ce qui s'est passé cette semaine.

Réceptionniste : La chambre 13 demande où vous restez.

Scientifique : Une nouvelle théorie est née cette semaine. Il s'agit maintenant de la comprendre. Mais le fait de comprendre est déjà un problème en soi. Il faut d'abord chercher ce qu'il y a à comprendre, ce que cela signifie de comprendre... ce qu'il y a à comprendre...

...

Est-ce que cela a un sens ce que je viens de dire ?

Client de l'hôtel : ...

...

Qu'est-ce que c'est cette maison de fous ?

Il y en a un qui se promène en costume tyrolien, un autre insiste pour se faire servir par une Chinoise au milieu de la nuit, une autre rêve de cités détruites... et lui veut devenir cordonnier...

Et c'est justement ces gens-là qui élaborent une théorie radicale qui chamboule toute notre perception de la réalité.

Mais qui sont ces gens ? Qui loge dans les chambres 13, 66 et 67, et 22 ?

Réceptionniste : Désolé, monsieur, je ne peux pas vous le dire. La discrétion est notre règle.

Je peux néanmoins vous dire qu'il s'agit surtout d'Allemands.

...

Ils ne me laissent pas tranquille.

Ils me repoussent encore et toujours dans la boue,
dans le froid, dans la fatigue extrême...
...
mon corps et mon esprit hurlent d'envie de dormir,
mais je ne veux pas dormir,
parce que lorsque je dors,
je rêve de mes compagnons,
de leurs corps pourrissant dans la boue des tranchées.

CLIENT DE L'HÔTEL : J'ai une impression de déjà-vu. Vous avez déjà dit cela.

RÉCEPTIONNISTE : Pas que je m'en souvienne.

CLIENT DE L'HÔTEL : Pourtant j'aurais juré...
...
...
...
Pourquoi Cherry ne téléphone-t-elle pas ?
J'ai tellement besoin d'elle.

RÉCEPTIONNISTE : Est-ce qu'elle ne vient pas de téléphoner ?

CLIENT DE L'HÔTEL : Non. Elle a téléphoné ?

RÉCEPTIONNISTE : Je me suis trompé. Je vous prie de m'excuser.

CLIENT DE L'HÔTEL : J'ai tant besoin d'elle.

RÉCEPTIONNISTE : L'hôtel Métropole peut subvenir à vos moindres désirs.
Si c'est d'affection dont vous avez besoin, nous pouvons...

CLIENT DE L'HÔTEL : Vous voulez dire une ... ?

RÉCEPTIONNISTE : Dites-le.

CLIENT DE L'HÔTEL : Je ne prononcerai pas ce mot.

Réceptionniste : Moi non plus.

Client de l'hôtel : Si nous ne prononçons pas le mot, rien ne se passera ?

Réceptionniste : Prononcez-le, l'hôtel Métropole se charge du reste

Client de l'hôtel : Je suis très fidèle par nature.

Réceptionniste : Comme vous voulez, mais si d'aventure...

Client de l'hôtel : Non.

Réceptionniste : Un seul mot. Et vous êtes servi.

Client de l'hôtel : Non. Je ne préfère pas.

Réceptionniste : Tout le personnel de l'hôtel est prêt à se mobiliser pour vous.

Client de l'hôtel : Je vous en prie, arrêtez. Vous me faites hésiter maintenant.

Réceptionniste : ...

Une fois, j'ai réussi à lancer 150 hésitants dans une attaque. 150. Je les ai arrachés aux tranchées. Pour Dieu et pour la Patrie. Ils crevaient de peur du feu roulant. C'était si facile de mourir. Personne ne voulait sortir des tranchées.

Mais moi, je suis parvenu à les faire sortir.

...

Je les ai fait sortir !

Mesure 11 : 00 heure 45

Scientifique : Pour l'instant, personne ne désire parler à personne. Mais chambre 13 aimerait savoir ce que chambres 66 et 67 ont derrière la tête. Et chambres 66 et 67 aimeraient savoir si chambre 13 a déjà étudié leurs arguments. Chambre 5 soutient 66 et 67, mais pas ouvertement. Et chambre 18 soutient 13 tacitement. Chambre 1 est complètement perdu et chambre 22 a des cauchemars, mais cela n'a rien à voir.
Pour le moment le silence règne, la tension est à couper au couteau.

Réceptionniste : C'est exactement comme ça que la Grande Guerre a commencé.
Lorsqu'ils sont à sept, le monde vire au désastre.
Le premier ne fit rien.
Le second jeta une bombe, mais rata la cible.
Le troisième prit une pilule de cyanure.
Le quatrième et le cinquième furent pétrifiés.
Le sixième s'enfuit.
Le septième et dernier tira deux coups de feu.
À Sarajevo.
Et l'enfer éclata.
Des soldats en marche dans les champs de blé.
Le feu dans les vallées qui embrase même le ciel.
Un ciel rouge. Rouge sang.

Mesure 12 : 00 heure 54

RÉCEPTIONNISTE : ...
SCIENTIFIQUE : ...
CLIENT DE L'HÔTEL : ...
SCIENTIFIQUE : Vous avez déjà vu une aurore boréale ?
CLIENT DE L'HÔTEL : Non.
SCIENTIFIQUE : Il paraît que c'est très beau.
CLIENT DE L'HÔTEL : Oui, j'ai entendu dire
qu'effectivement c'est splendide.
Mais, je n'en ai jamais vu.
SCIENTIFIQUE : Moi, non plus.
CLIENT DE L'HÔTEL : ...
Peut-être que Cherry en a vu...
SCIENTIFIQUE : ...

Mesure 13 : 00 heure 58

Scientifique : « Des gens arrogants, ces Belges », disait toujours ma grand-mère. Et c'est devenu notre dicton familial.
Un jour, un cycliste allemand s'arrêta dans le village et une sœur de ma grand-mère se retrouva enceinte. L'enfant n'était pas encore né que l'Allemand enfourcha sa bicyclette et plus jamais ils ne l'ont revu. Mais malgré cela, le dicton restait valable : « Des gens arrogants, ces Belges ».

Client de l'hôtel : On ne quitte jamais une femme enceinte.
...
C'est le plus grand délit d'un homme : abandonner une femme enceinte.

Scientifique : Êtes-vous… Je veux dire : votre amie est-elle enceinte ?

Client de l'hôtel : Cherry n'est pas enceinte.

Scientifique : …

Client de l'hôtel : Ce serait indécent… avant le mariage… vous devriez le savoir.

Scientifique : …

Client de l'hôtel : Je vous l'assure. Et je n'apprécie pas ces insinuations.

Scientifique : Mais je n'ai rien dit !

Client de l'hôtel : Votre silence en disait long.

Scientifique : C'était un silence objectif, et par conséquent, sans aucune signification. Un silence comme un point après une phrase, où le son de la phrase précédente s'éteint.

CLIENT DE L'HÔTEL : Pourtant, j'ai cru entendre un silence chargé de significations.

SCIENTIFIQUE : ...

...

On pourrait conjecturer que lorsque deux... ou trois ou vingt personnes conversent, inconsciemment elles recherchent ce silence particulier qui subitement crée une tension, cause un problème, irrite, provoque une altercation.

CLIENT DE L'HÔTEL : ...

SCIENTIFIQUE : Pendant un court instant, ces personnes quittent les mots modérés et rassurants et se hasardent dans le monde du silence, des démons.

CLIENT DE L'HÔTEL : Je crains de ne plus vous suivre.

SCIENTIFIQUE : Et quand, après ce silence particulier, la conversation reprend, tout est soudainement différent, trouble, un champ de mines.

CLIENT DE L'HÔTEL : De quoi parlons-nous en fait ?

SCIENTIFIQUE : Vous êtes manifestement irrité.

CLIENT DE L'HÔTEL : Oui.

SCIENTIFIQUE : À cet égard, nous avons à peine progressé par rapport à nos lointains ancêtres. L'évolution de l'homme consiste à se taper sur la tête avec un gourdin. Rien de plus.

RÉCEPTIONNISTE : Avec comme seul principe : le mien est plus long que le tien.

CLIENT DE L'HÔTEL : ...

SCIENTIFIQUE : Et vous voilà à présent offensé, pire offusqué.

Nous nous permettons d'exprimer une opinion sur l'évolution de l'homme, qui ne peut être que mal perçue par vous.

...

Je voulais juste prouver une hypothèse : dans une conversation nous recherchons toujours ce silence qui cause un malaise, l'irritation, l'inquiétude. Pourquoi ? Qu'essayons-nous de prouver ? Est-ce dans notre nature de provoquer ? Pourquoi cette attitude de défi ? Pourquoi toujours tout déranger ? À quoi cela nous mène ?

...

Ne m'en veuillez pas. N'y attachez aucune importance. C'était juste un exercice mental.

Client de l'hôtel : Trop tard. Vous m'avez irrité. Et offensé !

...

Réceptionniste : Offensé ?

... Et qu'est ce que vous ressentez ?

Client de l'hôtel : ...

Réceptionniste : Jadis, j'ai dû le savoir.

...

Jadis, j'ai dû savoir ce qu'était une insulte... ce que signifient fierté et honneur et... atteindre un niveau moral élevé...

C'est impossible que je n'aie jamais éprouvé ces choses-là.

...

Rappelez-le-moi. Qu'est-ce qu'on ressent quand on est offensé ?

Qu'est-ce que vous ressentez à cet instant précis ?

Client de l'hôtel : ...

Ce que je ressens ?

Mesure 14 : 1 heure 10

Client de l'hôtel : Elles veulent toutes les deux un morceau de pain en période de disette. Celle qui s'en empare dispose logiquement de plus d'endurance, de plus de force, d'une pensée plus performante. L'oie gagnante progresse, en d'autres termes : elle évolue. L'oie perdante par contre est obligée de changer de nourriture ou d'environnement ou de mourir pour ne pas entraver l'évolution dans le monde des oies. Un progrès ne peut être réalisé qu'à travers une lutte entre congénères et n'a comme but final que le perfectionnement des qualités mentales et physiques d'une espèce.

...

L'homme est une créature spéciale. Il a pris le dessus sur toutes les autres espèces. Il les domine. Ceci n'est pas un hasard. Il doit y avoir une raison pour laquelle l'homme est si dominant. Il doit y avoir un but... ou peut-être l'homme lui-même est-il le but ultime de toute l'évolution de la vie. Magnifique, grandiose et justifiée. C'est ainsi que l'on doit qualifier la présence de l'homme sur terre.

...

Comme vous pouvez le remarquer, l'évolution de l'homme implique bien plus que de se taper sur la tête avec un gourdin, comme vous le suggériez.

Scientifique : Oui, mais comme je l'ai dit aussi, c'était juste un exemple sans aucune valeur représentative. Juste pour confirmer une hypothèse.

Bien sûr que je ne pense pas que l'évolution de l'homme est de se taper sur la tête avec un gourdin.

Client de l'hôtel : Vous me lancez un défi dans un moment de faiblesse. Cherry ne me téléphone pas et je suis fatigué. Vous n'auriez pas pu choisir un meilleur moment pour frapper.
Je dois réagir, sinon je me verrai obligé de chercher un nouvel environnement.

Scientifique : Ce n'était qu'un exercice mental, une gymnastique de l'esprit sans aucune conséquence pour la réalité.

Client de l'hôtel : Et je n'ai nulle envie de chercher un autre environnement. Je veux rester ici. À côté du téléphone.

Scientifique : ...
On peut se demander également combien de temps subsiste chez quelqu'un un sentiment d'irritation et d'offense...

Réceptionniste : Ces messieurs sont sans doute fatigués et souhaitent se retirer dans leur chambre.

Scientifique : ... et quelle est son influence sur les événements futurs.
...
Mais on ne peut plus penser comme ça « grâce à » 66 et 67 !

Réceptionniste : Bismarck avait pourtant prévenu tout le monde. Il avait dit : « Quelque chose de parfaitement idiot pourrait bien déclencher une guerre. »

Mesure 15 : 1 heure 20

Client de l'hôtel : J'ai un vague souvenir d'une… vision de Copenhague.
Cette vision vient de moi ?

Réceptionniste : Pas de moi.

Scientifique : Et certainement pas de moi.

Client de l'hôtel : Effrayant.

Scientifique : Pas tout à fait.
Il s'agit en fait de l'Interprétation de Copenhague.
Je vous l'ai quand même déjà expliquée, non ?

Client de l'hôtel : Je ne m'en rappelle pas. Et vous ?

Réceptionniste : La discrétion est notre règle.

Scientifique : …
Toute la question est de savoir si un électron est une particule ou une onde.

Client de l'hôtel : …

Scientifique : Selon Newton et consorts, l'observation n'a aucune influence sur la nature de l'objet observé.
Selon la nouvelle théorie, c'est bien le cas.
Au cours d'une observation, l'électron sera une particule, au cours d'une autre observation, il sera une onde.
Donc, un électron est à la fois une particule et une onde, dépendant de l'observation.
…
…
…
Un même genre de silence régnait pendant la conférence.

La sensation soudaine d'une fissure.

...

Nous avons donc deux descriptions de l'électron qui, en principe, s'excluent mutuellement.
Ce qui est interdit, puisque Newton et consorts ont toujours affirmé que lorsque deux définitions s'excluent mutuellement, une des deux définitions est fatalement inexacte. Un électron doit donc être ou une particule ou une onde.
Mais apparemment, cette affirmation, pleine de bon sens, on peut aussi l'oublier.
Chambres 66 et 67 prétendent que lorsque deux descriptions s'excluent mutuellement, les deux définitions sont nécessaires pour une compréhension totale.

...

...

En fait, ce qu'ils affirment... si j'ai bien compris... c'est que le même espace peut contenir potentiellement deux réalités entièrement séparées.

...

...

CLIENT DE L'HÔTEL : ...

Mais... qu'est-ce que cela peut changer ?

SCIENTIFIQUE : En un mot ? Tout.

La réalité telle que nous la connaissons et telle que nous la côtoyons depuis des siècles, n'est plus.
Tous les participants de la conférence sont abasourdis. Quand les chambres 66 et 67 ont fait leur exposé, chambre 1 a dit : « Je reviens de l'enfer et j'ai entendu exprimer des pensées horribles ».

Mesure 16 : 1 heure 45

Réceptionniste : Des poux, des rats, des fils barbelés, des puces, des clapiers, des cadavres, du sang, des souris, des chats, de la crasse, des membres pourris, du feu, de l'acier, des piles de cadavres raidis comme du bois à brûler… de la boue, de la boue et encore de la boue… voilà… en un mot.

Scientifique : J'ai lu quelque part que les tranchées allemandes étaient plus profondes et mieux équipées et protégées.

Réceptionniste : Sans parler des bombes, les grenades, l'artillerie, les obus de mortier… surtout. D'abord, on entendait toujours un sifflement, et puis l'attente de l'explosion qui vous secouait tout le corps. Comme si les os et les organes se retournaient pêle-mêle à l'intérieur du corps.
Ce que nous craignions le plus, c'était de perdre un bras ou une jambe.
On voulait surtout mourir intact avec les deux jambes, les deux bras et la tête bien en place.
Mourir de préférence d'une balle.
…
Même quand je me bouche les oreilles avec les mains, j'entends encore le sifflement, l'explosion des obus…
Parfois, je ne m'entends pas penser, parfois je ne m'entends pas parler. Tellement le bruit est assourdissant.
Ça me rend fou. Faites-les arrêter. De grâce, faites-les arrêter, nom de Dieu !

Scientifique : Par mesure de sécurité, je vais décrocher le téléphone. Un bruit serait mal venu pour l'instant.

Client de l'hôtel : Ça, ce n'est pas une bonne idée.

Réceptionniste : Vous ne m'avez jamais vu devenir fou.

Client de l'hôtel : Vous ne m'avez jamais vu… irrité.

Scientifique : …

Si j'ose me permettre, ce que nous expérimentons maintenant est un problème d'observation.

Et ça me coûte de le reconnaître. Car je suis en train de donner raison à 66 et 67.

Mesure 17 : 2 heures 05

SCIENTIFIQUE : Pouvez-vous affirmer que le verre est transparent dans l'obscurité ?

CLIENT DE L'HÔTEL : Naturellement.

SCIENTIFIQUE : Comment le savez-vous ?

CLIENT DE L'HÔTEL : Parce que je le sais.

SCIENTIFIQUE : Selon la nouvelle théorie le verre ne peut être qualifié de transparent que si on a effectivement observé qu'il est transparent. Mais pour cette observation, il me faut de la lumière. Je dois donc éliminer l'obscurité. Mais si j'élimine l'obscurité, j'invalide cette même observation parce que je ne puis plus observer le verre dans le noir...
...
Impossible donc de savoir si le verre est, oui ou non, transparent dans le noir.
...
Et croyez-moi, c'est comme ça toute la journée à la conférence.
À devenir fou.
La lune existe-t-elle encore si nous ne l'observons pas ?
La lune existe-t-elle juste avant l'instant où nous l'observons ?
La lune existe-t-elle uniquement quand nous l'observons ?
...
Je ne sais plus où j'en suis.
J'aimerais être amoureux.
...

Et pourtant, avant, les choses étaient si simples, si pures.
...
Des grandes idées avec des valeurs morales.
Une science généreuse.
Newton a unifié ciel et terre, réuni tout ce qui marche, cours, rampe, nage, vole... dans la plus belle équation mathématique jamais trouvée :
F = m.a (la Force égale la masse multipliée par l'accélération).
Une équation qui unit tout, une loi magique et si simple.
Et pourtant Newton n'était pas un homme simple, il était antisocial et même solitaire.
...
Avec Newton, la grande vision de Descartes prit forme.
Descartes était épuisé ce soir-là. Comme nous.
Il était en voyage. Très tard dans la nuit il entra dans une auberge.
La chambre était poussiéreuse et surchauffée.
Et c'est alors que survint la vision, claire et nette, comme coulée dans l'or le plus pur : les mathématiques sont la seule clé pour découvrir les secrets de la nature.
...
Et la première clé trouvée par Newton était : F = m.a
Magistrale équation ! Je ne me lasse pas de l'entendre. Une mathématique dans sa forme originelle. Universelle. L'essence même. Un

chef-d'œuvre. Newton n'a pas amélioré le monde, il l'a unifié.

...

Le monde était simple à cette époque.
La terre tournait autour du soleil.
La lune tournait autour de la terre.
La terre tournait autour de son axe.
Parce que F = m.a.

...

Et Dieu perdit une petite fraction de son pouvoir.

...

Qu'avions-nous besoin de plus ?
Enfin soit, nous ne nous sommes pas arrêtés là.
Plusieurs clés furent trouvées.
Tout fut transformé en équations mathématiques : le temps, l'espace, la matière, le mouvement, la force, l'énergie, même l'homme.

...

Et Dieu perdit encore plus de son autorité.

...

Finalement, nous avons voulu acquérir la connaissance absolue, la connaissance totale sur le passé, le présent et le futur.
Et nous l'avons trouvée. Si, à un instant donné, vous connaissez l'état de chaque objet dans l'univers, les lois de la nature vous permettent de calculer l'état exact de l'univers à tout instant, passé, présent ou futur.

...

À ce moment-là... c'est alors qu'on aurait dû dire : maintenant, on ferme les livres de mathématique, c'est l'heure de la récréation.

Nous n'aurions jamais dû aller plus loin. Nous avions tout pour être heureux. On pouvait observer avec certitude les objets, on pouvait savoir avec certitude d'où on venait et où on allait !

…

On ne peut quand même rien reprocher au déterminisme !

Pourquoi doivent-ils en faire un tel gâchis !

…

CLIENT DE L'HÔTEL : …

RÉCEPTIONNISTE : …

SCIENTIFIQUE : Dites quelque chose. Je ne veux pas subir ce silence à nouveau.

CLIENT DE L'HÔTEL : …

Si on n'avait pas été plus loin, j'aurais raté Darwin. Et je vivrais encore dans la croyance que l'homme est fait à l'image de Dieu.

SCIENTIFIQUE : Avait-on vraiment besoin de Darwin ? Il a déplumé Dieu jusqu'à l'os.

Après Darwin, Dieu n'avait plus aucune utilité.

CLIENT DE L'HÔTEL : A-t-on vraiment besoin de Dieu ?

SCIENTIFIQUE : Je me le demande parfois. Ce n'est pas de Dieu que nous avons besoin, mais de la foi. Prenez le verre transparent. Je ne peux même plus prouver que le verre est transparent dans l'obscurité. La seule option qui me reste est de « croire » que le verre est transparent dans l'obscurité, puisque je me retrouve dans l'incapacité de connaître la réalité.

…

Est-ce que cela a un sens ce que je viens de dire ?

Client de l'hôtel : ...

Scientifique : Vous devez penser que les choses ne peuvent pas aller plus mal ?
Que dire alors du principe d'incertitude ?

Client de l'hôtel : Oui, justement. Qu'en dire ?

Scientifique : Pendant des millions d'années, l'homme a livré une bataille titanesque pour conquérir le principe fondamental... que dis-je... le droit fondamental, nom de dieu, le droit fondamental à la certitude. Et maintenant, en l'espace d'une semaine... chambre 67, à lui tout seul ou pratiquement, pose l'incertitude comme principe de base.
Merci pour l'humanité !

Mesure 18 : 2 heures 20

CLIENT DE L'HÔTEL : ...

RÉCEPTIONNISTE : ...

Reste la question essentielle : avait-on vraiment besoin du Titanic ?

CLIENT DE L'HÔTEL : Qu'est-ce que le Titanic vient faire ici ?

RÉCEPTIONNISTE : Rien, excepté de couler. Mais quelle volonté et quelle ingéniosité il a fallu pour construire le Titanic, et quelle force morale et quel héroïsme pour couler avec lui.

SCIENTIFIQUE : ...

Bon d'accord : parfois, je ne peux résister à l'envie de devenir surhumain.

CLIENT DE L'HÔTEL : ...

Fallait-il vraiment introduire le Titanic dans cette discussion ?

SCIENTIFIQUE : ...

CLIENT DE L'HÔTEL : Peut-être le bateau de Cherry a-t-il sombré ? Qui sait ce qui a pu se passer ?

RÉCEPTIONNISTE : Je suis convaincu qu'elle a dû mourir très courageusement.

SCIENTIFIQUE : En fait, nous ne pouvons pas parler de Cherry quand elle n'est pas là.

Cherry existe-t-elle réellement quand nous ne la voyons pas ?

Cherry existe-t-elle uniquement quand nous la voyons ?

CLIENT DE L'HÔTEL : ...

SCIENTIFIQUE : À nouveau, nous sommes confrontés

avec des forces incontrôlables – et qui plus est – impossibles à observer.

Mesure 19 : 2 heures 30

Client de l'hôtel : Dois-je renoncer à tout espoir ? Dois-je accepter le fait que Cherry ne téléphonera pas et que le mariage n'aura pas lieu ?

Réceptionniste : Miss Cherry Woodward appellera. Il peut y avoir des tas de raisons pour lesquelles elle n'appelle pas.

Scientifique : Même si ce n'est qu'un fétu de paille, il faut s'y accrocher.

Client de l'hôtel : Je n'ai que deux souvenirs de Cherry. C'est un peu maigre pour remplir ma vie.

Scientifique : Il y aussi votre œuvre. Importante pour l'humanité.

Client de l'hôtel : Les choses allaient si bien. Une rencontre magique dans une rue, une conversation chaleureuse dans un hôtel, une promesse éternelle au clair de lune.
J'ai l'impression d'être mis à la porte d'une belle histoire, d'une histoire grandiose !
J'y ai droit à cette histoire magnifique ! J'y ai droit. Je l'exige !

Scientifique : J'espère que Cherry appellera. Parce que si elle ne le fait pas, cela invalidera le principe de cause à effet.
Votre histoire doit se poursuivre. Pourquoi diable n'appelle-t-elle pas ?

Réceptionniste : Cherry téléphonera.
L'hôtel Métropole est le monde parfait. Il n'y a pas d'accidents ici, il n'y a pas de malentendus.

Client de l'hôtel : Vous avez raison. Elle appellera.

…
Qu'y a-t-il de plus noble qu'un homme découragé qui se relève, reprend ses armes et continue le combat ?
Bon. Assez au sujet de Cherry.
Veuillez m'excuser de m'être laissé aller.

Mesure 20 : 2 heures 40

Client de l'hôtel : Totalement ignorant. J'étais totalement inexpérimenté en ce qui concerne les femmes. Comme je l'ai déjà dit, mon travail a absorbé toute ma vie.

J'ai rencontré Cherry dans les rues de Hà-Nôi. Il faisait chaud et très humide. Un corps féminin transpirant m'a toujours semblé très attrayant. Des gouttes de sueur comme des perles sur sa peau… Cherry semblait enveloppée par une aura, une aura d'envies coquines. Elle brillait comme un soleil… d'orient.

C'est alors que j'ai pensé : le premier homme a dû être une femme.

…

Plus tard, j'ai revu Cherry à l'hôtel, à l'apéritif. Des amis communs nous ont présentés. Elle me parlait de Shakespeare, Goethe, Sophocle, et moi je lui parlais de l'homme du Néandertal, de l'homme de Piltdown, et l'homme de l'Orient, encore à découvrir. Une conversation qui nous mena tard dans la nuit. Au fur et à mesure que nous avancions dans la conversation, nos paroles se mêlèrent, se mélangèrent, pour finalement fusionner.

Lorsque les premiers rayons du soleil se sont étendus sur Hà-Nôi, nous avons décidé de nous marier.

Elle est retournée à Londres, moi à Chou-k'ou-tien, au site de fouilles. Nous avions convenu de nous retrouver à Bruxelles pour le mariage.

Et me voici. À Bruxelles. Attendant un coup de fil.

…

Si jamais je découvre la toute première femme, je l'appellerai Cherry.

SCIENTIFIQUE : Je suis toujours très étonné lorsqu'une femme tombe amoureuse de moi. Cela me rend toujours très perplexe, incrédule.

CLIENT DE L'HÔTEL : Qu'y a-t-il de si singulier à cela ? Je n'étais pas du tout étonné que Cherry tombe amoureuse de moi. C'était logique et compréhensible, vu les circonstances.

SCIENTIFIQUE : Compréhensible ! ?

Cela me dépasse. Comment une telle chose peut-elle être compréhensible ?

…

CLIENT DE L'HÔTEL : Qu'y a-t-il de si incompréhensible au fait qu'une personne ressente des sentiments pour une autre personne ?

SCIENTIFIQUE : Ce qui est incompréhensible ?

Ce qui est incompréhensible, c'est que le monde serait compréhensible.

CLIENT DE L'HÔTEL : Quelle bêtise !

SCIENTIFIQUE : Ce n'est pas moi qui l'ai dit.

CLIENT DE L'HÔTEL : Qui alors ?

SCIENTIFIQUE : Einstein.

CLIENT DE L'HÔTEL : …

…

Mais peut-être parlait-il d'autre chose.

Je veux dire, pas en ce qui concerne les femmes.

RÉCEPTIONNISTE : Vous êtes demandé dans les chambres 66 et 67.

SCIENTIFIQUE : …

Client de l'hôtel : ...

Qui loge dans les chambres 66 et 67 ?

Réceptionniste : La discrétion est notre règle.

Client de l'hôtel : Cela restera entre nous.

Réceptionniste : Est-ce que cela veut dire que notre relation en deviendra plus intime ?

Client de l'hôtel : Dans les limites de la bienséance.

Réceptionniste : Monsieur Bohr est dans la chambre 66, monsieur Heisenberg dans la chambre 67.

Client de l'hôtel : Qui sont ces gens ?

Réceptionniste : Monsieur Bohr est celui qui a développé l' « Interprétation de Copenhague » et monsieur Heisenberg est l'auteur du principe d'incertitude.

Client de l'hôtel : Et vous savez ce que cela signifie ?

Réceptionniste : Anita, qui nettoie les chambres des messieurs Bohr et Heisenberg, a vu dans les deux chambres, au-dessus de leurs lits, la même inscription écrite à la main : « Ce qui n'est pas interdit est obligatoire. »

Client de l'hôtel : ...

...

Et on peut faire confiance à la femme de chambre ?

Réceptionniste : Excellente travailleuse. Solide comme un roc.

Je vais parfois au cinéma avec elle.

Client de l'hôtel : ...

Et Einstein. Dans quelle chambre est-il ?

Réceptionniste : Je suis désolé. J'ai reçu les plus strictes instructions concernant monsieur Einstein.

Mesure 21 : 2 heures 55

SCIENTIFIQUE : Villa Herwig. Arosa. Une nuit de Noël.
Cette nuit-là, chambre 18 n'était pas seul.
Il n'était en compagnie ni de Lotte ni d'Irène ni de Félicia, auquel cas nous l'aurions appris. Les femmes peuvent être tellement pipelettes.
Une autre femme était présente. On a essayé plusieurs fois de découvrir son identité. En vain.
Quoi qu'il en soit, cette dame mystérieuse fit passer à la chambre 18 une nuit apparemment inoubliable qui l'amena au pinacle du plaisir sexuel, car c'est pendant cette nuit-là qu'il découvrit ce qu'il fallait découvrir, l'équation qui devait rendre plus tangible la nouvelle théorie :

$$\frac{d2Y}{dx^2} + \frac{8\ p2\ m}{h^2} (E\text{-}V)\ Y = O$$

(La dérivée seconde par rapport à la distance de la fonction d'onde plus huit fois l'impulsion au carré divisé par la constante de Planck au carré multiplié par l'énergie moins le potentiel fois la fonction d'onde est égale à zéro.)
Helgoland.
Cette nuit-là, chambre 67, était seul… avec comme unique compagnie un rhume de foin.
Il avait travaillé fiévreusement jusqu'à 3 heures du matin. Il était si excité qu'il ne pouvait pas dormir. Il quitta l'auberge et attendit sur un rocher le lever du soleil. Il l'appela « la Nuit d'Helgoland ».
Cette nuit-là, grâce au rhume des foins, il parvint à prouver que, selon la nouvelle théorie, p fois

q n'égale pas q fois p, ce qui est bien le cas en physique classique.

Cette nuit-là, à travers les brumes de la fièvre, il vit que la différence de p fois q moins q fois p n'était pas zéro, mais égale à… quoi encore ? … égale w2pI à quoi s'ajoute…

…

Copenhague.

Chambre 66 était assis près d'un feu de bois avec sa femme et son enfant lorsque…

CLIENT DE L'HÔTEL : Je ne vous ennuierai plus à propos de la nouvelle théorie.

SCIENTIFIQUE : Ce ne sont plus des mathématiques. Les mathématiques sont sensées décrire la réalité. Et non la générer. Ces mathématiques nouvelles n'obéissent pas aux principes de la réalité. Des fonctions sont introduites qui ne sont même pas des fonctions. Ces mathématiques sont… diaboliques… et pourtant ça marche. Cela fonctionne.

…

CLIENT DE L'HÔTEL : Je comprends votre confusion.

RÉCEPTIONNISTE : La chambre 13 vous fait savoir qu'il n'aura plus besoin de vous.

SCIENTIFIQUE : …

RÉCEPTIONNISTE : Il vous souhaite une bonne nuit. Il veut être réveillé à 6 heures du matin.

SCIENTIFIQUE : …

Comment était sa voix ? Soulagée ou soucieuse ?

RÉCEPTIONNISTE : Ni l'un ni l'autre.

CLIENT DE L'HÔTEL : C'est bon ou mauvais signe ?

SCIENTIFIQUE : …

Mesure 22 : 3 heures 30

Client de l'hôtel : ...
Comment suis-je supposé penser maintenant ?

Scientifique : C'est une question que tout le monde se pose.

Client de l'hôtel : ...

Scientifique : Nous ne devons pas exagérer, bien sûr. Surtout pas moi. Je ne suis pas amoureux.

Client de l'hôtel : Mais il doit quand même y avoir un lien. Ce n'est pas possible autrement.

Scientifique : Tout ce que nous pouvons faire, c'est de constater qu'il n'y en a pas.

Client de l'hôtel : Mais alors, s'il n'y a pas de lien, s'il n'y a pas de relation... qu'est-ce qu'il y a alors ?

Scientifique : Soudainement d'un endroit à un autre, comme un éclair, et pas une âme qui ne sache comment elle est arrivée là.

Mesure 23 : 3 heures 20 (retour en arrière dans le temps)

Client de l'hôtel : Je ne tiens pas à revenir là-dessus ! Je sais ce que je sais...

Scientifique : Comment pouvez-vous affirmer que vous « savez » !
Comment n'importe qui peut-il encore savoir quelque chose dans un monde qui est devenu un étrange casino. Où nulle chose n'est ce qu'elle paraît, parce que nous l'observons. Nous ne pouvons même plus nous fier à nos propres images... nos constatations sont – en principe – toujours inexactes, mais pas tout à fait...

Client de l'hôtel : Je sais ce que je sais !

Scientifique : ...

Client de l'hôtel : ...

Réceptionniste : Nous avons un bar très sympathique à votre disposition.

Client de l'hôtel : Je sais pourquoi je suis ici.
Cherry me l'a dit explicitement.
Je la vois encore me le dire.
Même ses yeux, me le disent.
Tout son corps me le dit.

Scientifique : Savoir, c'est mesurer.
Mais mesurer, c'est perturber.

Client de l'hôtel : Le chapitre est clos !

Scientifique : Dorénavant, il faut partir du principe que ce que l'on vit ou notre façon de lier les événements de notre vie n'est peut être qu'une illusion fausse, une hypothèse qui n'a plus aucun fondement.

Client de l'hôtel : Arrêtez !
Scientifique : Je ne peux pas !

…

Parfois, j'ai le sentiment que 66 et 67 veulent changer le monde.

Mesure 24 : 3 heures 10 (retour en arrière dans le temps)

SCIENTIFIQUE : Un électron se trouve à un moment donné à un endroit A, quelques instants plus tard il se trouve à un endroit B… et personne n'est capable d'expliquer comment et quel trajet l'électron a suivi. Impossible de calculer d'où vient l'électron et où il ira.

…

…

Ce que je veux dire…

Vous pouvez uniquement constater, et encore, que vous avez rencontré Cherry à Hà-Noi et vous ne pouvez que constater, à nouveau d'une manière très relative, que vous vous trouvez ici à présent. Mais c'est tout ce que vous savez.

Se demander s'il y a un lien causal entre ces deux événements appartient désormais au domaine de la spéculation pure.

…

Pour le moment, nous parlons à l'échelle de l'atome. Mais il est possible que le nouveau mode de pensée devienne le suivant : le présent ne peut plus être expliqué par le passé et prédire le futur est impossible. Entre le passé, le présent et le futur, le lien causal a disparu.

…

Le passé est démantelé,
le présent est une probabilité
et le futur a disparu.

CLIENT DE L'HÔTEL : Très ennuyeux ce que vous dites maintenant. Si je ne peux plus relier ma rencontre avec Cherry à Hà-Noi et ma présence ici à Bruxelles… qu'est-ce que je fais ici alors ?

SCIENTIFIQUE : Voilà la nouvelle grande énigme de l'humanité.

…

Qui sait, bientôt vous allez devoir repenser toutes les théories concernant l'évolution de l'homme.

CLIENT DE L'HÔTEL : Comment pourrais-je encore comprendre l'homme s'il m'est interdit d'employer le passé ?

Le passé est mon terrain d'activité.

SCIENTIFIQUE : …

Entre nous, je ne comprends pas un iota à ces nouvelles mathématiques. Pour moi, p fois q égale q fois p.

CLIENT DE L'HÔTEL : Insinuez-vous que mon travail est inutile ?

SCIENTIFIQUE : Pas de panique. Jusqu'à présent rien n'est irrémédiable. Tout peut encore s'arranger. Einstein va bientôt descendre et nous saurons exactement et précisément où nous en sommes. Nous pouvons faire confiance à Einstein.

Il veut unifier le monde, il ne veut pas l'améliorer. Einstein est le grand « unificateur ». En fait, il cherche l'équation qui mettra en corrélation non seulement le temps et l'espace, mais aussi la matière, le mouvement et la force.

Vous imaginez, l'univers entier dans une seule et unique équation.

…
La théorie qu'il doit encore découvrir a déjà un nom : « la Théorie du Tout ».
Dès qu'Einstein aura trouvé cette équation ultime…
tout rentrera dans l'ordre.
On peut lui faire confiance.
…
Il va remettre de l'ordre dans tout ça.

Mesure 25 : 3 heures 45

CLIENT DE L'HÔTEL : Il est un fait que l'évolution bafouille un peu de temps en temps. Nous avons toujours le même nombre de dents, mais nos mâchoires sont devenues moins proéminentes. L'évolution a opté pour une bouche plus petite et plus fine, mais l'évolution a perdu de vue quelques détails : il n'y a plus assez de place pour les dents de sagesse.

Ce qui est remarquable, c'est que l'homme, de son propre chef, soit capable de corriger ce bafouillage évolutionniste : la dentisterie.

C'est pourquoi je souscris plutôt à la théorie du « cerveau d'abord » plutôt que « les seins d'abord ».

SCIENTIFIQUE : ...

RÉCEPTIONNISTE : ...

CLIENT DE L'HÔTEL : Le cerveau humain est la condition fondamentale pour parcourir cette longue et sinueuse route de l'homme-singe à l'homme moderne. C'est grâce à un cerveau performant que des rectifications ont été possibles.

...

Je suis enclin à penser que la théorie des seins d'abord entrave plutôt l'évolution.

C'est une idée séduisante, mais très discutable.

L'idée est que les seins de la guenon, après avoir été tétés pendant l'allaitement, n'ont pas repris leur forme aplatie habituelle, mais ont gardé leur forme sphérique, bombée en avant. Ceci a éveillé la curiosité du singe mâle qui a perçu et expérimenté sa femelle différemment, ce qui a donné naissance à une relation très spéciale basée sur l'attirance, les soins, la tendresse… soit une relation humaine.

…

Je serais enclin à croire que l'amour freine plutôt l'évolution.

Prenez une femme et deux hommes. Un des deux hommes est beau et fort, l'autre laid et maigre. Pour l'évolution de la race, la femme devrait choisir l'homme le plus fort. Mais qu'arrive-t-il ? Le maigrichon et la femme tombent amoureux, se marient et ont des enfants. Théoriquement ils ne peuvent produire ainsi qu'une espèce inférieure.

…

Non, croyez-moi, le cerveau d'abord.

…

Je vous conseillerais d'ailleurs vivement d'aller chez le dentiste.

On ne sait jamais avec les dents de sagesse. Au siècle passé, les dents de sagesse coincées étaient la cause principale de mort prématurée chez l'adulte. Une infection locale se généralisait et créait d'autres maladies plus fatales.

Les gens croyaient qu'ils mouraient de pneumonie, alors qu'en réalité, c'était simplement leurs dents de sagesse.

RÉCEPTIONNISTE : Je ne voudrais pas mourir avec un diagnostic erroné.

J'irai chez le dentiste demain.

CLIENT DE L'HÔTEL : Demain c'est dimanche. Ils ont congé.
Mais ne vous en faites pas. L'infection ne se généralisera pas si vite. L'organisme humain est capable de supporter beaucoup.

Mesure 26 : 4 heures

Réceptionniste : Mais le lundi c'était toujours la crise.
Tout le monde avait le cafard.
Ce jour-là, on n'avait jamais de visions.
Lundi, c'était le jour noir.
On était tous assis dans la boue, apathiques, larmes aux yeux.
À penser à notre père, notre mère, aux frères, aux sœurs, aux fiancées...
J'ai pensé si souvent à ma famille
J'essayais surtout de retrouver des images réconfortantes, comme... comme cette image...
... je ne la retrouve pas pour l'instant...
...
Les Français et les Anglais s'occupaient très bien de leurs soldats.
Ils avaient leur propre bordel, afin de remonter le moral et autres pièces détachées.
L'armée belge n'avait pas d'argent pour son propre bordel.
J'ai donc donné l'ordre à... Jos... oui, c'était son nom, Jos... l'ordre de trouver une solution. Je pouvais lui faire confiance.
Après trois jours il avait trouvé un boxon : *Les quatorze miches.*
J'y suis allé quelques fois, moi aussi.
Fallait vraiment être désespéré. Des bonnes femmes dont les seins avaient déjà entrepris le voyage vers la tombe.
...

Jos, nom de Dieu. J'ai dû le faire passer devant le peloton d'exécution.
Il en avait eu marre des vieilles femmes des *quatorze miches.*
Il était enragé. Il voulait une jeune. Mais tout ce qu'il a trouvé, c'est une gamine de douze ans.
...
J'ai dû le faire passer devant le peloton d'exécution.
Jos était mon fils.

SCIENTIFIQUE : ...

CLIENT DE L'HÔTEL : ...

RÉCEPTIONNISTE : J'ai aussi perdu mon second fils. La partie supérieure de sa tête a été arrachée par un éclat d'obus. Il lui a fallu trois heures pour mourir.

CLIENT DE L'HÔTEL : Vos enfants étaient avec vous dans les tranchées ! ?

RÉCEPTIONNISTE : Oui et ma femme aussi.

CLIENT DE L'HÔTEL : ...

RÉCEPTIONNISTE : Où voulez-vous qu'ils soient ? C'était la guerre !

Mesure 27 : 4 heures 15

CLIENT DE L'HÔTEL : Grâce à l'extinction massive des dinosaures, les mammifères – c'est-à-dire nous – ont eu leur chance.
Et me voici, à me tourner les pouces. Des milliers de dinosaures font de la place pour moi et je ne fais rien.

SCIENTIFIQUE : Calmez-vous.
Vous êtes un peu nerveux.

CLIENT DE L'HÔTEL : Je dois trouver Cherry. Je veux dire le tout premier être humain.
...
Son parfum si doux me manque. Jusqu'à présent, je pouvais très bien me souvenir de son odeur. Mais le souvenir s'efface. Il faut que je la revoie. Il faut que je la retrouve.

SCIENTIFIQUE : Vous pensez de façon incohérente.
Supposons. Même si Cherry ne vient pas, et, au pire, toujours une supposition, même si le mariage est annulé... ce n'est quand même pas la fin du monde.

CLIENT DE L'HÔTEL : Si je peux être franc avec vous.
Ce serait tout simplement une catastrophe. Le père de Cherry est Arthur Smith Woodward lui-même.
...

SCIENTIFIQUE : Oui, et alors ?

CLIENT DE L'HÔTEL : Woodward. L'homme de Piltdown !

SCIENTIFIQUE : ...

CLIENT DE L'HÔTEL : Le père de Cherry est le conservateur du département géologie du British Museum. C'est lui qui prétend que l'homme de

Piltdown est le tout premier homme, le chaînon entre le singe et l'homme. Et il est soutenu dans cette affirmation par des chercheurs éminents.

...

J'ai donné une série de conférences au cours desquelles j'ai exprimé mes doutes au sujet de la validité de l'homme de Piltdown. Comme vous pouvez vous imaginer, cela a causé pas mal de remous dans le monde scientifique.

...

Il est absolument essentiel pour moi de découvrir le tout premier homme en Chine.

Scientifique : Et où placez-vous Cherry dans ce rapport de forces ?

Client de l'hôtel : De temps en temps, j'ai des doutes.
Sa présence à Hà-Noi était-elle une coïncidence ou pas ? Son père l'avait-il envoyé pour m'espionner ? A-t-il voulu m'attirer dans un piège ? Fait-elle partie d'une conspiration contre moi ?
Je ne sais pas.
Cherry est une actrice. Dois-je en tenir compte ?

Scientifique : Votre rencontre était peut-être pure coïncidence.

Client de l'hôtel : Je l'espère tant.
Mais le fait qu'elle ne téléphone pas me fait soupçonner le contraire.

Scientifique : Peut-être ne trouve-t-elle pas de téléphone à Ostende, peut-être le bateau a-t-il du retard.
Il y a mille raisons qui peuvent l'empêcher de téléphoner.
Le téléphone d'ici est peut-être en panne.

Réceptionniste : Vous êtes à l'hôtel Métropole !

Client de l'hôtel : Je suis convaincu que l'homme de Piltdown est un faux. Il sait que je sais et il veut me discréditer, ou peut-être bien me détruire avant que ma thèse ne gagne du terrain...
Peut-être que Cherry fait partie de ce plan diabolique ?
Après tout, c'est une actrice...

Scientifique : Oui, mais peut-être est-ce moins grave que vous ne l'imaginez.
Ne vous faites pas de soucis.
...
Que sommes-nous finalement ?
Des êtres qui racontent des histoires parce qu'ils aspirent à la grandeur, parce qu'ils veulent donner une direction au temps, parce qu'ils veulent que les événements aient un lien causal entre eux.
...
Il faut arrêter de penser en termes de cause à effet.

Client de l'hôtel : Maintenant vous vous contredisez.
Je croyais que vous étiez un adepte de la causalité.

Scientifique : C'est ça le problème avec cette nouvelle théorie : elle peut s'avérer très utile.

Client de l'hôtel : Et cela est sensé me redonner de la confiance ?

Scientifique : C'était l'idée générale.
Moi, je me sens mieux.
66 et 67 ont raison... parfois raison... de vouloir dépouiller l'homme et la réalité de toute grandeur.

Client de l'hôtel : Depuis le début des temps, une variété infinie d'organismes se sont développés.

Des organismes somptueux, sublimes, divins, magiques... La vie est fabuleuse et cette évolution est encore en cours.

Cette vision de la vie, d'après Darwin, a une certaine grandeur.

Non la vie en soi, mais la vision de la vie doit avoir de la grandeur.

C'est aussi mon credo.

...

Je dois admettre que je n'ai pas le choix.

J'ai dû contracter d'énormes dettes pour payer la maison en Chine, pour engager le personnel...

J'ai été téméraire. Mais je le voulais ainsi.

C'était la première fois que j'étais vraiment amoureux de quelqu'un. Tellement amoureux que chaque cellule de mon corps en est imprégnée. J'avais trouvé quelqu'un à qui consacrer ma vie et mon œuvre.

...

Ai-je exigé trop de grandeur ?

SCIENTIFIQUE : Peut-être qu'il n'y a aucun problème et que Cherry va téléphoner.

Maintenant.

...

...

Ou plus tard.

CLIENT DE L'HÔTEL : Si elle ne m'appelle pas, je vais me reprocher quelque chose toute ma vie.

SCIENTIFIQUE : ...

CLIENT DE L'HÔTEL : Vous ne me demandez pas ce que je vais me reprocher pour le reste de ma vie ?

SCIENTIFIQUE : Non.

Mesure 28 : 4 heures 45

Réceptionniste : Elle est encore vierge ?

Client de l'hôtel : Évidemment.

Scientifique : Comment le savez-vous ?

Client de l'hôtel : Vous n'avez jamais vu Cherry, vous ne lui avez jamais parlé.

Réceptionniste : Je n'ai jamais dépucelé une femme. Il paraît que c'est assez dégoutant.

Scientifique : Moi, j'ai déjà dépucelé une femme.

Client de l'hôtel : Et euh… comment procède-t-on ?

Réceptionniste : Qu'est-ce qu'on ressent ?

Scientifique : Le mieux est d'adopter l'approche technique. L'hymen doit être percé de haut en bas. Pas à partir du bas, sinon vous y passez des heures. En fait. Il faut y allez à tâtons. Et garder la tête froide.
Approche technique. De haut en bas.

Réceptionniste : C'est quoi pour vous le haut ? De quelle position parlez-vous ?
La femme est-elle sur le dos ou sur le ventre ? À genoux ou attachée ?
Le haut par rapport à quoi ?

Scientifique : La position classique. Vous savez bien. Classique.
…
Restons classique.
Toutes ces positions modernes, aucun intérêt.

Client de l'hôtel : Cherry est très classique.
D'ailleurs, elle ne joue que des pièces classiques.
Shakespeare et…

RÉCEPTIONNISTE : Vous devez quand même savoir dans quelle position il faut placer Cherry avant de savoir où est le haut et le bas.

CLIENT DE L'HÔTEL : Assez maintenant. Cette conversation devient gênante.

Qu'est-ce qui nous a pris d'aborder un tel sujet ?

RÉCEPTIONNISTE : C'est lui qui a commencé.

SCIENTIFIQUE : Non. Ce n'est pas vrai.

Tout ce que j'ai dit, c'est que 66 et 67 prétendent que la nouvelle théorie n'est pas un territoire vierge, mais une autre façon de considérer la réalité.

Et alors, lui, a dit que pour la théorie de l'évolution il n'en va pas de même et que c'est encore un territoire vierge.

Et après nous avons commencé à parler des avantages et des désavantages d'un territoire vierge.

CLIENT DE L'HÔTEL : Exactement. Et ensuite nous avons pris l'Afrique comme exemple. Vierge et donc pure, mais avec le désavantage que ces territoires ne produisent que des sauvages.

SCIENTIFIQUE : C'est ça.

CLIENT DE L'HÔTEL : ...

RÉCEPTIONNISTE : ...

Mais alors, comment sommes-nous passés de l'Afrique sauvage à l'hymen d'une femme ?

CLIENT DE L'HÔTEL : ...

SCIENTIFIQUE : ...

Mesure 29 : 5 heures 05

Réceptionniste : « Qu'est-ce que je fais ici ? » est une question que je ne me suis jamais posée avant cette nuit fatale.

…

J'avais reçu l'ordre d'évacuer les cadavres de l'attaque précédente. Il y avait tant de corps qu'ils étaient dans le chemin en cas d'un nouvel assaut vers l'ennemi.

À la tombée de la nuit, nous nous sommes préparés à ramper hors des tranchées.

Je regarde mes hommes. Je suis fier d'eux. Ils sont indestructibles.

Je veux donner le signal quand soudain…

Entre les tranchées, dans le *no man's land*, je vois tout à coup apparaître des soldats… mais ce ne sont pas des Allemands… non, ce sont des soldats d'une autre époque. Je ne suis pas le seul à les voir. Charles, qui en connait un bout en histoire, murmure que ce sont des soldats du temps de Napoléon, peut-être bien de la bataille de Waterloo.

Les soldats de Napoléon sortent du sol, de leurs tombes et nous fixent du regard.

Et là, au milieu de ces fantômes… surgit un arbre, un arbre avec un cheval mort… ma femme…

…

Cette nuit-là, nous n'avons pas quitté les tranchées.

…

Nous n'avons jamais parlé de cette vision entre nous.

Mais depuis cette nuit, je me suis demandé sans

cesse : « Qu'est-ce que je fais ici ? ».
Et cela m'a fait réfléchir.
Les cadavres, les membres pourrissant me devenaient insupportables. Ce sont des choses qu'un homme ne devrait pas voir. Alors, finalement, je me suis mis le canon du revolver dans la bouche, déterminé à appuyer sur la gâchette.
À cet instant, j'ai reçu un coup de téléphone disant que la guerre était terminée.
Je ne pouvais pas mourir.
...
Et d'ailleurs je ne mourrai jamais.
...
J'ai gardé le revolver et la balle qui auraient dû m'envoyer de l'autre côté de la vie. Dans cette boîte.
Je l'emporte partout où je vais. Juste au cas où.
...

Scientifique : ...

Client de l'hôtel : ...

Réceptionniste : Mais nous sommes à l'hôtel Métropole. Il n'y a pas d'accidents ici, pas de malentendus.
Souvent, c'est dur de vivre avec cette idée : l'impossibilité de mourir.
...

Client de l'hôtel : Ce n'est pas ce que je voulais dire.
J'ai uniquement dit qu'il y a des millions d'années, un singe s'est demandé « Qu'est-ce que je fais ici ? », ce qui l'a fait réfléchir à son environnement, aux autres espèces animales, à son destin.

Et c'est cette question qui a déclenché l'évolution de l'homme et sa domination sur les autres espèces.

Réceptionniste : Se poser cette question, c'est se réveiller brutalement et saisir la vie dans toute son horreur.

Si le singe s'était vraiment posé cette question, il ne se serait jamais mis debout.

Votre raisonnement ne tient pas la route.

...

...

Imaginez qu'une oie se demande demain tout d'un coup « Qu'est-ce que je fais ici ? », est-ce que cela voudrait dire que dans des milliers d'années, les oies domineront les humains ?

Client de l'hôtel : En théorie, oui.

Et nous, nous disparaîtrions.

Scientifique : Dorénavant, nos promenades dans le parc ne seront plus jamais les mêmes.

On ne pourra plus jamais se détendre en regardant les oies glisser sur l'eau.

Il faudra tenir ces animaux à l'œil.

Mesure 30 : 5 heures 20

Client de l'hôtel : Sondant la profondeur de tes
immenses yeux noirs,
je perds toute notion du temps et de l'espace.
Mon regard posé sur toi me décompose.
Je ne possède plus de corps.
Se dissoudre - devenir une particule de toi.
Être ton héritage.
...
Ne plus aimer en trois dimensions.
Je veux t'aimer en millions de dimensions.
Je veux vivre l'égarement,
la consternation,
la stupéfaction.
Tu m'incites à la lenteur,
à la joie de parcourir une distance,
le plaisir de suivre les fausses routes,
me perdre,
me tromper.
Tu me forces à la lenteur,
à subir la tyrannie de l'attirance.
Plus lent est le voyage vers toi,
Plus grand et émouvant en est le terme.
...
Je t'entends murmurer,
vaguement,
tes lèvres bougent.
Tu me forces à m'approcher de toi.
De plus en plus près.
Je sens ton haleine chaude,
je respire ton doux parfum.

Tu me murmures les secrets de l'homme,
l'énigme de la vie,
comment tout a commencé.
Je me penche de plus en plus vers toi.
Je vois tes lèvres
si pleines et si sensuelles.
Je sais que je suis arrivé au point de non-retour.
Je franchis deux millions d'années.
Je deviens deux millions d'années.
Je suis le présent et le passé.
Tu me donnes la vie éternelle.
Tendre Cherry, ma toute première femme,
souviens-toi dans tes pensées de mon désir éternel
pour toi.
…
…
…
C'est ce que je dirai,
quand je sortirai Cherry du sable,
quand je prendrai son crâne comme une relique
dans mes mains,
la regardant droit dans les yeux…
…
…
Je suis venu ici pour me marier et je me retrouve
maintenant…
…
Est-ce que je dois aller à Londres afin de respirer le
doux parfum de Cherry ?
Dois-je retourner à Chou-k'ou-tien et poursuivre
mes recherches sur le premier homme ?

Ou dois-je retourner à Vienne pour vivre, parmi mes souvenirs d'enfance, la mélancolie d'un amour impossible ?

Mesure 31 : 5 heures 35

SCIENTIFIQUE : Et pour finir...
Cela vous soulage-t-il de savoir que, de mon point de vue, quelle que soit celle de ces trois portes que vous choisissiez, selon toute vraisemblance, vous arriverez là où vous désirez arriver.

CLIENT DE L'HÔTEL : Je ne vous ennuierai plus avec mes doutes.

SCIENTIFIQUE : Chacune des trois portes peut vous conduire n'importe où, y compris la destination de votre choix.
Mais le fait est que toutes les portes vous conduiront vers la destination de votre choix.

CLIENT DE L'HÔTEL : Quelque chose me dit que je ne veux pas savoir cela.

SCIENTIFIQUE : Vous prendrez les trois directions à la fois.

CLIENT DE L'HÔTEL : Je refuse d'entrer dans cette logique.

SCIENTIFIQUE : Vous pousserez les trois portes en même temps, vous prendrez toutes les directions derrière les portes, en même temps, et vous atteindrez votre destination.
...
...
prétendent 66 et 67.
...
Ce qu'ils veulent probablement dire... faire un choix entre le premier homme à Chou-k'ou-tien, Cherry à Londres ou la mélancolie à Vienne n'a plus aucun sens.

Quelle que soit la ville que vous choisissez, la première femme, Cherry et la mélancolie seront présentes, mais le parcours que vous allez entreprendre pour les trouver sera différent à chaque endroit.

CLIENT DE L'HÔTEL : ...

SCIENTIFIQUE : Une façon de penser très intéressante, je l'admets.

CLIENT DE L'HÔTEL : Comment puis-je prendre trois portes simultanément ?
Comment puis-je trouver à Londres le tout premier homme qui se trouve en Chine ?

SCIENTIFIQUE : Vous est-il interdit de voyager vers trois villes simultanément ?
Vous est-il interdit de trouver à Londres le tout premier homme qui se trouve en Chine ?

CLIENT DE L'HÔTEL : Non. Mais...

SCIENTIFIQUE : Ce qui n'est pas interdit est obligatoire.
Vous voyagerez vers les trois villes simultanément et trouverez ce que vous voulez trouver... parce que je ne suis pas là, parce que je ne vous observe pas.

CLIENT DE L'HÔTEL : Et moi alors ?
Moi qui est là. Qu'est-ce qui va m'arriver ?

SCIENTIFIQUE : Cela, c'est une autre réalité.
Je ne peux pas me prononcer à ce sujet.

CLIENT DE L'HÔTEL : Et Cherry ?
...
Où est-elle alors ?

SCIENTIFIQUE : Je ne sais pas.

Le fait est que tant qu'elle n'appelle pas, vous vous trouvez dans les trois villes en même temps.

…

…

Mais on ne peut pas parler de Cherry ni tenir compte d'elle tant qu'elle n'est pas ici.

Nous ne pouvons parler que de nos expériences ici et maintenant. Sans considérer ce qui a été ou ce qui sera. L'ici et maintenant est la seule réalité existante. Et encore. L'ici et maintenant, c'est plusieurs réalités coexistantes en fait. Cela dépend du point de vue bien sûr.

Client de l'hôtel : …

Scientifique : Ça vous donne aussi le vertige ?

Réceptionniste : Chambres 66 et 67 vous font savoir qu'ils n'ont plus besoin de vous.

Scientifique : …

Réceptionniste : Ils vous souhaitent une bonne nuit. Ils désirent être réveillés à huit heures.

Client de l'hôtel : …

Scientifique : …

Réceptionniste : …

Scientifique : Tout à l'heure quand Einstein descendra, nous saurons si oui ou non il y a lieu de continuer à s'adonner au vertige.

Si Einstein accepte les arguments de 66 et 67, nous tournerons les aiguilles de l'horloge en arrière, de quelques millions d'années, et nous nous demanderons : « Qu'est-ce que je fais ici ? »

Et nous ne serons même pas capables de répondre à cette question.

Car nous devons savoir en premier lieu qui est-ce « je » et ce qu'est cet « ici ».

Ce qui nous ramènera à la case de départ, mais cette fois-ci non plus dans la réalité, mais dans la probabilité.

CLIENT DE L'HÔTEL : ...

...

Peut-être est-ce la fatigue qui provoque cet état de profond doute ?

SCIENTIFIQUE : Pour l'instant, il nous est encore permis de penser d'une façon déterministe.

Mesure 32 : 5 heures 50

SCIENTIFIQUE : Je voyais Einstein ricaner lors des exposés de Bohr et de Heisenberg.
Planck, qui s'en était aperçu, a incliné la tête vers Einstein et lui a dit : « Ne riez pas. Le purgatoire a une chambre spéciale où les nouveaux sorciers seront obligés d'écouter les postulats de la physique classique dix heures par jour. »
« Je ris de leur naïveté. Mais je me demande qui rira dans dix ans », répliqua Einstein.
Rien ne nous fut épargné pendant les exposés de Bohr et d'Heisenberg. En vingt minutes à peine, tous les postulats classiques concernant la réalité furent réduits en bouillie. Toute notre perception, notre vision du monde, chamboulée.
Chacun regardait anxieusement Einstein. Mais lui regardait droit devant lui. Chacun scrutait son visage, cherchant des signes d'approbation ou de désapprobation, un indice quelconque.
À la fin des discours, il resta silencieux.
Le silence. La sensation d'une fissure qui s'élargit. Pourquoi Einstein ne dit-il rien ? Pourquoi ne rebouche-t-il pas la fissure ?
Planck répliqua le premier : « Je refuse de participer à une physique qui ne donne pas une image claire et nette de la réalité. Je veux préserver l'idéal classique, la possibilité de transposer en termes exacts ce qui se passe dans la réalité. »
De nouveau le silence. Et Einstein ne parle toujours pas. Pourquoi n'exorcise-t-il pas les démons ?

Finalement il parla : « Veuillez m'excuser de ne pas avoir étudié en profondeur la mécanique quantique. Mais permettez-moi de faire quelques remarques générales. » Ensuite, il a parlé pendant au moins une demi-heure. Je n'avais jamais rien vu et ni entendu de pareil. C'était comme si ses arguments lui venaient à l'instant même, limpides comme de l'eau de roche. Dieu était en train de parler et il affirmait avec une force inouïe qu'il ne jouait pas aux dés et qu'il n'y jouerait jamais. Einstein anéantissait les démons de sa main. Une révélation.

…

RÉCEPTIONNISTE : Avez-vous vu ma boîte avec le revolver ?

…

Où est passé votre ami ?

SCIENTIFIQUE : Et après que Einstein a parlé… des voix. Des voix venant de partout.

– Ce serait faux de croire que c'est notre tâche de décider comment fonctionne la nature. Tout ce que nous pouvons faire c'est décrire la nature.

– La physique est la description de la réalité. Insinuez-vous que la physique est la description de ce que l'on imagine ? Aucune théorie ne peut être basée sur une probabilité.

– Il est impossible de donner une description satisfaisante de la réalité. Il n'y a pas de réalité, seulement le savoir de l'observateur.

– Nous ne pouvons plus parler d'un objet avec des propriétés déterminées, parce que la nature de l'objet dépend de l'observation.

– Même si nous oublions les anciennes idées, nous devons conserver les mêmes dénominations, sinon nous ne pourrons plus communiquer entre nous.

– On ne mélange pas du vieux vin avec le vin jeune.

– Nous sommes allés trop loin au xixe siècle, la vision déterministe du monde est même dangereuse.

– Dieu seul peut nous sauver maintenant.

– Nous n'irons jamais au-delà de la description d'une probabilité.

Et soudain une voix frêle s'est élevée au-dessus des cris de l'assistance.

Marie Curie, depuis ses cauchemars de cités détruites, dit d'une voix calme : « Que voulons-nous : la foi rassurante ou la connaissance insaisissable ? Améliorer le monde ou l'unifier ? »

Aux questions de la seule femme présente, aucun homme ne trouva de réponses. Pas même Einstein.

…

…

Tout d'un coup, je m'entends parler.

« Chers collègues. Pendant les exposés des messieurs Bohr et Heisenberg, j'étais pris de vertige. »

Ce à quoi Bohr, ayant le sens de l'à-propos, réplique : « Vous voyez que vous comprenez. Celui qui est pris de vertige en pensant à la science quantique, a compris. »

Je me sens un peu mal à l'aise parce que, en fait je n'y comprends rien, mais Bohr paraît si convaincant que je suis enclin de le croire. Je jette

un regard vers Einstein qui secoue la tête de façon rassurante, d'où j'en conclus que Bohr doit se tromper et que finalement je n'ai rien compris. Soulagement.
Puis cela commence à devenir vraiment embarrassant pour moi. Heisenberg, qui a vu le mouvement de tête d'Einstein, tout d'un coup se lève et dit : « Vous voyez. C'est cela la science quantique. Pour un collègue, il – moi, donc – ne comprend rien, et pour un autre collège il – toujours moi – comprend tout. »
« Ce qui », poursuit Heisenberg, « n'est pas nécessairement incompatible, puisque les deux observations sont essentielles pour une compréhension complète de l'électron ... je veux dire de notre cher collègue. »
J'étais gêné.
Je me trouvais dans deux situations différentes au même moment, la situation de comprendre et la situation de ne pas comprendre.
Tout le monde voyant ma gêne, détourne son regard... et moi, moi, je me sentais juste un électron et...
...
Je suis un électron
Vibrant sur mon orbite autour d'un noyau d'atome.
Devenant flou.
Ne sachant pas si je suis une particule ou une onde parce que personne ne m'observe.
Je suis un électron,
sans identité,

sans ancrage,
parce que personne ne m'observe.
Je suis un électron,
ayant perdu toute définition,
ayant uniquement un potentiel
pour adopter certaines valeurs
avec une certaine probabilité.
Je m'éloigne des mots, de leur contenu.
Je m'éloigne de ce que j'ai été.
Je me dissipe de plus en plus
La tragédie d'être un électron.
Je suis la probabilité.
...
Je ne suis qu'une probabilité.

Mesure 33 : 5 heures 59

Réceptionniste : …

J'ai retrouvé ma boîte.

Scientifique : …

Réceptionniste : Mais je n'ai plus vu votre ami.

Scientifique : …

S'est-il servi de votre revolver ?

Réceptionniste : Je n'ai pas encore ouvert la boîte.

Scientifique : …

Attendez.

N'ouvrez pas.

Réceptionniste : Je dois quand même savoir si mon revolver et la balle sont encore là.

Scientifique : Si vous ouvrez la boîte, nous saurons si oui ou non notre cher ami s'est suicidé.

Réceptionniste : Et je saurai aussi si je peux encore mettre une fin à mon immortalité.

Scientifique : Mais si vous laissez la boîte fermée, vous serez à la fois mortel et immortel.

La même chose vaut pour notre cher ami.

Ouvrez la boîte et vous saurez s'il est vivant ou mort.

Gardez la boîte fermée et il sera à la fois vivant et mort.

…

Qu'est-ce qui est le plus simple pour vivre ?

Réceptionniste : …

…

Et si on réveillait Einstein ?

Sources

- Jagdish MEHRA, *The Solvay Conferences on Physics*, Reidel Publishing Company, 1975.
- Ruth MOORE, *Niels Bohr: The Man, His Science and the World They Changed*, MIT Press, 1985.
- Albert EINSTEIN, *Over de relativiteitstheorie en andere essays*, Uitgeverij Elmar B.V. Rijswijk, 1997.
- Ilya PRIGOGINE, *Het einde van de zekerheden*, Uitgeverij Lannoo nv, Tielt, 1996.
- J. ANDRADE E SILVA & G. LOCHAK, *Quanta*, World University Library, 1969.
- P. MARAGE & G. WALLENBORN, *Les conseils Solvay et les débuts de la physique moderne*, ULB, 1995.
- George GAMOW, *Thirty Years That Shook Physics*, Dover Publications inc, 1985.
- Abraham PAIS, *Niels Bohr's Times, in Physics, Philosophy and Polity*, Oxford University Press, 1994.
- Albert EINSTEIN, *Ideas and Opinions*, Bonanza Books, 1988.
- Max JAMMER, *The Philosophy of Quantum Mechanics*, Joehn Wiley & Sons, 1974.
- Diederik AERTS, *De muze van het leven*, Uitgeverij Pelckmans & Kok Agora, 1993.
- Diederik AERTS, *The Stuff the World is made off: Physics and Reality*, Kluwer Academic, 1999.
- Diederik AERTS, *Quantum mechanics: Structures, Axioms and Paradoxes*, Kluwer Academic, 1999.
- Robert GIMORE, *Alice in Quantumland*, Copernicus, 1995.

- Walter Moore, *Schrödinger: Life and thought*, Cambridge University Press, 1989.
- J.P. McEvoy & Oscar Zarate, *Quantummechania voor beginners*, Uitgeverij Elmar, 1999.
- Margaret Wertheim, *De broek van Pythagora*, Uitgeverij Anthos, 1997.
- Werner Heisenberg, *La nature dans la physique contemporaine*, Éditions Gallimard, 1962.
- John Archibald Wheeler & Wojciech Hubert Zurek (dir.), *Quantum Theory and Measurement*, Princeton Series in Physics, 1983.
- Institut international de physique Solvay, *Électrons et photons : rapports et discussions du cinquième Conseil de physique tenu à Bruxelles du 24 au 29 octobre 1927*, Gauthier-Villars et cie, 1928.
- Wim Kayzer, *Een schitterend ongeluk*, Balans, 2008.
- Leone Fasani, *Archeologie*, Uitgeverij Helmon-Helmond, 1981.
- Rod Caird, *De Aapmens*, Teleac, 1995.
- Charles Darwin, *On the Origin of Species by Means of Natural Selection, or the Preservation of Favoured Races in the Struggle for Life*, 1859.
- Stephen Jay Gould, *De gok van de evolutie*, Uitgeverij Contact, 1996.
- Stephen Jay Gould, *Darwin et les grandes énigmes de la vie*, Pygmalion, 1984.
- Robert Clarke, *Naissance de l'Homme*, Seuil, 1982.
- Jules Carles, *Le Premier Homme*, Presses universitaires de France, 1974.

- Jay Winter & Blaine Baggett, *1914-1918, De Groote Oorlog*, Standaard Uitgeverij/Van Buuren, 1997.
- Sophie De Schaepdrijver, *De Groote Oorlog*, Uitgeverij Atlas, 2013.

Avec l'aide du Fonds international Wernaers pour la recherche et la diffusion des connaissances et du Centre namurois des systèmes complexes (naXys) de l'Université de Namur.

FONDS WERNAERS

naxys
Namur Center for Complex Systems

Nous aimerions également remercier Émile Lansman de nous avoir donné son accord pour la reproduction du texte introductif à *Aurore Boréale*.

Ouvrage réalisé par L'autobus,
et composé en Linux Libertine 10,5 pt.
Imprimé à 300 exemplaires, en décembre 2018,
sur les presses de la Maison de la poésie d'Amay
en Belgique.